Jan Horak

Öffentlichkeit als Dogma? Eine öffentlichkeitstheoretische Annäherung an das Phänomen WikiLeaks

GRIN Verlag

Bibliografische Information der Deutschen Nationalbibliothek:

Die Deutsche Bibliothek verzeichnet diese Publikation in der Deutschen National-
bibliografie; detaillierte bibliografische Daten sind im Internet über http://dnb.d-
nb.de/ abrufbar.

Impressum:

Copyright © 2011 GRIN Verlag GmbH
Druck und Bindung: Books on Demand GmbH, Norderstedt Germany
ISBN: 978-3-640-88116-1

Dieses Buch bei GRIN:

http://www.grin.com/de/e-book/169711/oeffentlichkeit-als-dogma-eine-oeffentlich-
keitstheoretische-annaeherung

GRIN - Your knowledge has value

Der GRIN Verlag publiziert seit 1998 wissenschaftliche Arbeiten von Studenten, Hochschullehrern und anderen Akademikern als eBook und gedrucktes Buch. Die Verlagswebsite www.grin.com ist die ideale Plattform zur Veröffentlichung von Hausarbeiten, Abschlussarbeiten, wissenschaftlichen Aufsätzen, Dissertationen und Fachbüchern.

Besuchen Sie uns im Internet:

http://www.grin.com/

http://www.facebook.com/grincom

http://www.twitter.com/grin_com

Westfälische Wilhelms-Universität Münster

Institut für Kommunikationswissenschaft

Seminar: Theorien der öffentlichen und der politischen Kommunikation

Wintersemester 10/11

Öffentlichkeit als Dogma?

Eine öffentlichkeitstheoretische Annäherung an das Phänomen WikiLeaks

Jan Horak

Inhaltsverzeichnis

1. Einführung

Kaum ein Thema hat die gesellschaftlichen und politischen Diskurse der letzten Monate so stark geprägt wie die Veröffentlichungen der Enthüllungsplattform WikiLeaks. Die Organisation kann mit Recht als ‚Phänomen' bezeichnet werden, verändert sie durch ihre Enthüllungen doch sowohl den Blick auf welt- und wirtschaftspolitische Prozesse als auch die Vorstellung davon, was ‚Öffentlichkeit' ist bzw. sein kann:

> „WikiLeaks will den Regierungen dieser Welt nicht die politische Kontrolle entreißen, wohl aber die Kontrolle über ihr Herrschaftswissen. Plötzlich gibt es einen neuen Akteur, der sich das Recht herausnimmt, darüber mitzuentscheiden, was geheim bleibt." (Rosenbach/Stark 2011: 15)

Man kann die Organisation schlicht als neuen Akteur auf der Bühne massenmedialer Öffentlichkeit begreifen, oder aber in WikiLeaks eine neue Evolutionsstufe, ja eine logische Konsequenz in der Entwicklungskette politischer Öffentlichkeit von der antiken Versammlungs- über die neuzeitliche massenmediale Öffentlichkeit bis hin zur modernen Netzöffentlichkeit sehen – beide Betrachtungsweisen werden dem Phänomen WikiLeaks aufgrund seiner Komplexität und seiner vielschichtigen Beziehungen zu bestehenden Formen von Öffentlichkeit und deren Akteuren jedoch nicht gerecht. Im Zuge der folgenden Analyse wird davon ausgegangen, dass WikiLeaks eine eigene Form von Öffentlichkeit schafft, die zwar mit den bekannten Erscheinungsformen politischer und massenmedialer Öffentlichkeit interagiert, jedoch grundsätzlich eigenständig ist und sich in zentralen Merkmalen von diesen unterscheidet.

Ziel dieser Arbeit ist eine öffentlichkeitstheoretische Annäherung an das vieldiskutierte und gleichwohl umstrittene Phänomen WikiLeaks. Es soll aufgezeigt werden, welche Rolle Öffentlichkeit für die Organisation WikiLeaks spielt – sowohl als Lebensraum, in dem sie sich bewegt, als auch als herzustellenden Zielzustand – und welche konkrete Vorstellung von Öffentlichkeit den Funktions- und Handlungsweisen der Organisation zugrunde liegt. Zu diesem Zweck soll versucht werden, ein 2009 vom Öffentlichkeitstheoretiker Rudolf Stöber ursprünglich zur systematischen Analyse verschiedener Öffentlichkeitskonzepte entwickeltes Kategoriensystem auf die Öffentlichkeitsvorstellung der Organisation WikiLeaks anzuwenden, um auf dieser Basis eine kritische Betrachtung des Phänomens zu ermöglichen.

2.   Das Phänomen WikiLeaks

2.1   Daten und Fakten

Bei WikiLeaks handelt es sich um eine international tätige Organisation, welche auf die anonyme Veröffentlichung geheimer Dokumente und Informationen im Internet spezialisiert ist. WikiLeaks wurde im Jahr 2006 von einer größtenteils namentlich unbekannten Gruppe Dissidenten, Journalisten und Mathematikern als „not-for-profit media organisation" (WikiLeaks: What is WikiLeaks?) gegründet. Seitdem pflegt und betreut ein wechselnder Kreis hauptsächlich unentgeltlich tätiger Mitarbeiter unter der Leitung des ehemaligen australischen Hackers Julian Assange die Internetplattform *wikileaks.org*, über die in loser Folge geheime Dokumente, Videos und andere Aufzeichnungen aus anonymen Quellen veröffentlicht werden (vgl. SZ: Wer ist WikiLeaks?). Finanziert wird das Projekt WikiLeaks durch Spenden von privaten Unterstützern und Stiftungen – diese Spenden umfassen sowohl direkte finanzielle Zuwendungen als auch die kostenlose Bereitstellung von Dienstleistungen wie beispielsweise juristischen Beistand (vgl. Medien-Ökonomie-Blog: Leak-o-nomy. Die Ökonomie hinter WikiLeaks).

In den Fokus der breiten Öffentlichkeit rückte WikiLeaks erstmals im April 2010, als die Organisation im Rahmen einer Pressekonferenz Originalaufnahmen eines Luftwaffeneinsatzes der US-Armee in Bagdad präsentierte, bei dem insgesamt zwölf mutmaßlich unbewaffnete Zivilisten getötet wurden (vgl. WikiLeaks: Collateral Murder). Neben zahlreichen weiteren Veröffentlichungen führte vor allem die Publikation hunderttausender geheimer Einsatzprotokolle aus dem Afghanistankrieg im Juli 2010 und tausendender interner US-Botschaftsdepeschen im November 2010 zu großem Medienecho. Regierungen und staatliche Institutionen rund um den Globus – allen voran die US-Regierung – kritisierten WikiLeaks für diese Veröffentlichungen und bezichtigten die Organisation des Verrats von Staatsgeheimnissen und der Sabotage. In den USA wird momentan geprüft, rechtliche Schritte gegen WikiLeaks und ihren Vertreter Assange einzuleiten (vgl. u.a. N24: USA prüfen Anklage wegen Verschwörung).

2.2   Ziele, Vorgehensweise und Legitimation

Der Organisation WikiLeaks liegt die Leitidee des freien Zugangs zu jeder Form von öffentlich relevanter Information zugrunde: Hauptziel ist nach eigenen Angaben „to bring important news and information to the public" (WikiLeaks: What is WikiLeaks?). WikiLeaks stellt die nötige Infrastruktur bereit, um der Öffentlichkeit Informationen zugänglich zu machen, die ihr bisher vorenthalten wurden. Im Gegensatz zu klassischen journalistischen Medien versucht WikiLeaks, politisch brisante Informationen möglichst ungefiltert, ungekürzt und anonymisiert zu veröffentlichen. Auf diese Weise soll größtmögliche Transparenz hinsichtlich welt- und wirtschaftspolitischer Entscheidungsprozesse geschaffen werden.

WikiLeaks tritt als Medium der Informationsvermittlung auf, welches publikationswürdige Interna aus verschiedensten Quellen zusammenträgt und diese dann veröffentlicht. Grundvoraussetzung für den Erfolg dieses Modells ist die Bereitschaft von privilegierten Besitzern einer Information, diese öffentlich zugänglich zu machen. WikiLeaks bietet seinen Informanten die Möglichkeit, Informationen anonymisiert, verschlüsselt und ohne persönlichen Kontakt online einzusenden (vgl. WikiLeaks: What is WikiLeaks?). Wird eine Information von der Organisation als veröffentlichungswürdig eingestuft, kann die Veröffentlichung je nach Umfang und Komplexitätsmaß des Materials auf verschiedenen Wegen erfolgen: Einzelne Dokumente, Mitschnitte oder Bilder werden in der Regel direkt über das organisationseigene Internetportal zur Verfügung gestellt. Diese Veröffentlichungen werden gelegentlich öffentlichkeitswirksam durch Pressekonferenzen begleitet, wie es beispielsweise bei der Veröffentlichung von Originalaufnahmen eines Luftwaffeneinsatzes der US-Armee in Bagdad im April 2010 der Fall war (vgl. Rosenbach/Stark 2011: 124f). Handelt es sich um große Datenmengen, die eine vorhergehende Selektion und umfassende Prüfung erfordern, arbeitet WikiLeaks zudem mit renommierten Printmedien zusammen – so geschehen beispielsweise im Zuge der Veröffentlichung hunderttausender geheimer Einsatzprotokolle aus dem Afghanistankrieg im Juli 2010. WikiLeaks stellte die Dokumente dem deutschen Nachrichtenmagazin *Der Spiegel*, der New Yorker Tageszeitung *New York Times* sowie dem britischen *Guardian* zur Verfügung, welche diese dann prüften, journalistisch aufbereiteten und schließlich in einer koordinierten Aktion zeitgleich veröffentlichten (vgl. Rosenbach/Stark 2011: 158f).

Durch die Veröffentlichung oftmals brisanter, von staatlichen Stellen als geheim eingestufter Informationen rückte die Organisation ins Kreuzfeuer der Kritik verschiedener Regierungsorganisationen und staatlicher Institutionen. Kritiker werfen WikiLeaks Spionage, Geheimnisverrat und Sabotage vor – WikiLeaks gefährde durch seine Enthüllungen das Leben von Soldaten (vgl. u.a. Phoenix: Kritik an WikiLeaks nach Veröffentlichung von US-Dokumenten hält an) und vergifte das diplomatische Klima (vgl. u.a. Spiegel Online: Empörung über Depeschenenthüllung). Die Organisation hält dagegen, man trage lediglich zur Transparenz politischer Entscheidungsprozesse bei und leiste einen unverzichtbaren Dienst an der Demokratie. WikiLeaks schreibt sich selbst die Rolle des Kämpfers für eine umfassende Informationsfreiheit zu, welche es um jeden Preis zu verteidigen gelte: „We are fearless in our efforts to get the unvarnished truth out to the public" (WikiLeaks: What is WikiLeaks?). WikiLeaks erhebt den Anspruch, journalistische Qualitätsstandards zu erfüllen und mit journalistischen Maßstäben gemessen zu werden – es sieht sich als Teil des journalistischen Systems, von dem es sich jedoch gleichzeitig abzuheben versucht:

> „WikiLeaks has provided a new model of journalism. […] Like a wire service, Wi-kiLeaks reports stories that are often picked up by other media outlets. We encourage this. We believe the world's media should work together as much as possible […]." (WikiLeaks: What is WikiLeaks?)

Aus diesem Selbstverständnis schöpft die Organisation einen wesentlichen Teil ihrer Legitimation. Sie tritt auf als Vorreiter einer Journalismuskultur, deren oberstes Primat Transparenz ist, und leistet Dienste am Allgemeinwohl, zu denen sie traditionelle journalistische Formate nicht in der Lage sieht. Welches Verständnis von Öffentlichkeit diesem Anspruch zugrunde liegt, soll im Zuge der folgenden Analyse herausgearbeitet werden.

3. Öffentlichkeit als Phasenraum

3.1 Ausgangslage

In seinem Aufsatz „Öffentlichkeit/Öffentliche Meinung als Phasenraum" (vgl. Stöber 2009) erarbeitet Rudolf Stöber ein Kategoriensystem zur systematischen Analyse von Öffentlichkeit und Öffentlichkeitskonzepten. Laut Stöber stelle Öffentlichkeit und die wissenschaftliche Auseinandersetzung mit ihr ein „prinzipiell unabschließbares Thema" dar (Stöber 2009: 53), zu dem es „tausendundeine Darstellung" gebe (ebd.). Ziel Stöbers ist folglich nicht, den zahlreichen Definitionen von Öffentlichkeit eine weitere hinzuzufügen, sondern vielmehr durch die Exegese bestehender Konzepte und Forschungsansätze eine „historisch begründbare Systematik" zu entwickeln (Stöber 2009: 53), mit der sich Formen und Funktionen von Öffentlichkeit kategorisieren und bewerten lassen. Grundgedanke der Ausführungen Stöbers ist die Annahme, bei dem wissenschaftstheoretischen Konstrukt ‚Öffentlichkeit' handele es sich um einen stetigem Wandel unterworfenen „Phasenraum", der je nach Ausprägung verschiedener ordnender Dimensionen unzählige Erscheinungsformen annehmen kann. Die von Stöber genannten ordnenden Dimensionen ‚Verortung', ‚Trägerschaft', ‚Thema', ‚Modus' und

4

‚Zweck' sollen im Folgenden kurz erläutert werden, um sie anschließend als Heuristik auf das aus öffentlichkeitstheoretischer Sicht hochgradig interessante Phänomen Wiki-Leaks anwenden zu können.

3.2   Analysedimensionen von Öffentlichkeit nach Stöber

Die erste von Stöber erläuterte Analysedimension von Öffentlichkeit ist die ‚Verortung'. Stöber skizziert die Entwicklung von Öffentlichkeit seit der Antike und zeigt auf, wie sich Öffentlichkeit räumlich betrachtet verändert hat. In der Antike sei die Grundvoraussetzung für die Herstellung von Öffentlichkeit stets die Existenz öffentlich zugänglicher Plätze und öffentlich agierender politischer Institutionen gewesen, es handelte sich folglich um stadt- bzw. siedlungsinterne Versammlungsöffentlichkeiten (vgl. Stöber 2009: 53). Auch im Mittelalter und noch in der frühen Neuzeit galten Städte als besondere Rechtsräume mit lokal eingrenzbaren Öffentlichkeiten. Mit der Herausbildung und Festigung von Territorialstaaten sei eine räumliche Erweiterung des Geltungsbereichs von Öffentlichkeit erfolgt, es handle sich jedoch immer noch um Versammlungsöffentlichkeiten, die sich an konkreten Orten wie Parlamenten oder Gerichten manifestierten. Seit Beginn des 20. Jahrhunderts seien dann vermehrt auch Massenmedien als öffentlicher Ort des Meinungsaustausches betrachtet worden. Massenmediale Öffentlichkeit sei jedoch nicht als Versammlungsöffentlichkeit zu verstehen, sondern vielmehr als „virtuelles Forum" (Stöber 2009: 55). Dies kann in besonderem Maße auch für das Internet gelten. Aus der dargelegten historischen Entwicklung der räumlichen Dimension von Öffentlichkeit von der Versammlungsöffentlichkeit der Antike zur virtuellen massenmedialen Öffentlichkeit der Gegenwart leitet Stöber für die Dimension ‚Verortung' die Ausprägungen ‚Größe' und ‚Realität' ab.

Grundlage der Dimension ‚Trägerschaft' ist die öffentlichkeitstheoretisch gängige antagonistische Unterscheidung von elitärem und antielitärem Öffentlichkeitsverständnis. Während beim elitären Konzept gesellschaftliche Eliten und Intellektuelle die Öffentlichkeit beherrschen und die Öffentliche Meinung prägen, dient Öffentlichkeit beim antielitären Konzept dazu, allen Mitgliedern einer Gesellschaft die Möglichkeit zur Artikulation eigener (öffentlicher) Meinungen einzuräumen, welche sich dann zu einer Öffentlichen Meinung verdichten. Die Massenmedien sind fester Bestandteil beider Konzepte: Je nach Öffentlichkeitsverständnis können sie als meinungsbildende Akteure oder als Orte des Meinungsaustausches auftreten, sie können eine elitäre Organfunktion der öffentlichen Meinung oder eine nichtelitäre Spiegelfunktion der selbigen einnehmen. Besonders durch die differenzierten Funktionen der Massenmedien lasse sich laut Stöber eine antagonistische Unterscheidung von elitären und antielitären Konzepten kaum halten; die ‚Trägerschaft' sei vielmehr über die Ausprägungen ‚Quantität', ‚Qualität' und ‚Repräsentation' zu bestimmen (vgl. Stöber 2009: 60).

Es existieren verschiedene Auffassungen, welche Inhalte zum Thema öffentlicher Debatten und somit Diskursgegenstand der Öffentlichkeit werden können, sollen oder dürfen. Stöber skizziert verschiedene Ansätze von Max Weber über Walter Lippmann und Jürgen Habermas zu Elisabeth Noelle-Neumann und kommt zu dem Schluss, mit der ‚evolutionären Ausdifferenzierung' von Öffentlichkeiten habe auch die Themenvielfalt automatisch zugenommen (vgl. Stöber 2009: 61). Grundsätzlich unterscheidet Stöber in Öffentlichkeiten mit konkreten Inhalten und solchen mit prinzipiell unbestimmten. Je nachdem, welche Bedeutung Öffentlichkeit und Öffentlicher Meinung zugesprochen wird, kann nach Stöber Öffentlicher Meinung ein Moment der Stärke oder ein Moment der Schwäche zukommen. In Anlehnung an Ferdinand Tönnies differenziert Stöber desweiteren zwischen drei Aggregatszuständen Öffentlicher Meinung (vgl. Stöber 2009: 63): Kurzlebige, tagesaktuelle Meinungen gelten als gasförmig; als flüssig werden verschiedene Meinungen zur Erreichung eines grundsätzlich gemeinsamen Ziels bezeichnet; fest sind Meinungen dann, wenn sie „zur Überzeugung des ganzen Volkes oder gar der ganzen zivilisierten Menschheit" geworden sind (Stöber 2009: 63). So ergeben sich für die Dimension ‚Thema' die Ausprägungen ‚Inhalt', ‚Aggregatszustände' und ‚Momentum'.

Die Dimension ‚Modus' bezieht sich auf die Funktionsweisen von Öffentlichkeit, wobei Stöber zwischen den Ausprägungen ‚Entscheidungsfindung', ‚Funktionskontext' und ‚Freiheitsgrad' unterscheidet (vgl. Stöber 2009: 64). Die ‚Entscheidungsfindung' finde entweder durch rationale Erörterung oder emotionale Bewertung von Inhalten statt, dabei spielten jedoch stets auch der ‚Freiheitsgrad' und der ‚Funktionskontext' eine Rolle. Der ‚Freiheitsgrad' kann entweder diskursiv-deliberativ oder autoritativ sein. Während diskursiv-deliberative Formen von Öffentlichkeit gleiche Zugangsmöglichkeiten und Verwirklichungschancen böten, betone ein autoritatives Verständnis von Öffentlichkeit deren „One-Way- und Verlautbarungscharakter" (Stöber 2009: 65). Der ‚Funktionskontext' von Öffentlichkeit kann als kybernetisch, massenmedial oder sozialpsychologisch definiert sein: Dem kybernetischen Modell liegt die Annahme zugrunde, dass „öffentliche Prozesse wegen der Vielzahl der Einflussfaktoren kontingent verlaufen" und „Überkomplexität erzeugen" (Stöber 2009: 65) – sie sind damit kaum berechenbar. Das massenmediale Modell kann je nach Medienverständnis – Betonung ihrer Führungsfunktion oder Betonung ihres Forumscharakters – entweder deliberativen oder autoritativen Charakter haben. Und schließlich kann der ‚Funktionskontext'

6

von Öffentlichkeit auch als sozialpsychologisch verstanden werden, wenn das gesellschaftlichen Meinungsklima eine autoritative Funktion einnimmt.

Die fünfte und letzte von Stöber angeführte Analysedimension von Öffentlichkeit ist der ‚Zweck', welcher „entweder auf die Sphäre von *Macht und Politik* [kursiv im Original] oder auf die von *Individuum und Gesellschaft* [kursiv im Original] projiziert [werde]" (Stöber 2009: 67). Der ‚Zweck' von Öffentlichkeit kann also, kurz gefasst, entweder Machtgewinn und Machterhalt oder aber der Erhalt einer gesellschaftlichen Ordnung sein. In beiden Fällen kann die Herstellung von Öffentlichkeit jeweils noch auf verschiedene Weise begründet werden, indem sie entweder der Kontrolle, der Themensetzung oder der Themenbewertung diene. Kontrolle, Themensetzung und Themenbewertung können sich jeweils sowohl auf die Sphäre ‚Macht und Politik' als auch die Sphäre ‚Individuum und Gesellschaft' beziehen.

Die Ausführungen Stöbers münden schließlich in folgender Analysematrix:

Dimension	Ausprägungen (1. und 2. Ordnung)

Verortung (wo?)	- Größe
	  • lokal <> national
	- Realität
	  • virtuell/überräumlich
	  • konkreter Versammlungsraum/Ort

Trägerschaft (wer?)	- Quantität
	  • wenige <> viele
	- Qualität
	  • Macht <> Wissen
	- *Repräsentation*
	  • *direkt <> indirekt*

Thema (was?)	- Inhalte
	  • konkrete <> unbestimmte
	- Aggregatszustände
	  • fest
	  • flüssig
	  • gasförmig
	- Momentum
	  • Stärke <> Schwäche

Modus (wie?)	- Freiheitsgrad
	  • deliberativ <> autoritativ-normativ
	- Entscheidungsfindung
	  • rationale Erörterung (richtig und falsch)
	  • emotionale Bewertung (gut und böse)
	- *Funktionskontext*
	  • *kybernetisch, massenmedial*
	  • *sozialpsychologisch*

Zweck (warum?)	- Begründung:
	  • Kontrolle
	  • Themensetzung
	  • Themenbewertung
	- Projektion:
	  • Macht und Politik
	  • Individuum und Gesellschaft

Abbildung 1: Analysematrix nach Stöber (Stöber 2009: 71).

Es ist davon auszugehen, dass sich bei weitem nicht alle diese Analysedimensionen eins zu eins auf WikiLeaks übertragen lassen. Daher soll vielmehr versucht werden, unter der heuristischen Zuhilfenahme der stöberschen Analysematrix die WikiLeaks zugrunde liegende Öffentlichkeitsvorstellung analytisch zu fassen, um eine anschließende kritische Betrachtung möglich zu machen.

4.   Öffentlichkeit als Dogma? WikiLeaks und die Öffentlichkeit

4.1   Das Verhältnis von WikiLeaks zur Öffentlichkeit

Das Verhältnis der Organisation WikiLeaks zur (massenmedialen) Öffentlichkeit ist vielschichtig und komplex. Ohne die Aufmerksamkeit der Öffentlichkeit respektive der Massenmedien fänden die Veröffentlichungen von Geheimdokumenten durch Wiki-Leaks kein Publikum und verlören damit einen großen Teil ihrer Wirkung. Die Organisation ist folglich auf mediale Aufmerksamkeit angewiesen, und dies in zweierlei Hinsicht. Zum einen findet WikiLeaks ohne Öffentlichkeit nicht statt: Die dezentrale Struktur der Organisation, der kleine Kreis von Verantwortlichen und deren Anonymität erschweren es ihr, dauerhaft als öffentlich agierender Akteur wahr- und ernstgenommen zu werden. In der Konsequenz bedeutet dies, dass WikiLeaks es schaffen muss, allein durch seine Aktivitäten Anlass zu Berichterstattung und somit öffentlicher Auseinandersetzung liefern. WikiLeaks gelingt dies durch die gezielte Inszenierung von Pseudoereignissen wie der Pressekonferenz zur Veröffentlichung von Originalaufnahmen eines Luftwaffeneinsatzes der US-Armee in Bagdad (vgl. Kapitel 2.1). Zum anderen ist WikiLeaks bei der Veröffentlichung großer Datenmengen auf Unterstützung durch traditionelle Massenmedien angewiesen, da die Kapazitäten der Organisation für eine gründliche Sichtung, Prüfung und journalistische Aufbereitung des Materials oftmals nicht ausreichen. So arbeitete WikiLeaks sowohl bei der Veröffentlichung hunderttausender geheimer Einsatzprotokolle aus dem Afghanistankrieg im Juli 2010 als auch bei der Veröffentlichung tausendender interner US-Botschaftsdepeschen im November 2010 mit den Printmedien *Der Spiegel*, *Guardian* und *New York Times* zusammen (vgl. Kapitel 2.2).

Im Laufe der Zeit hat sich WikiLeaks zudem selbst zu einem öffentlichen Diskursthema entwickelt. Das Interesse der Öffentlichkeit gilt nicht mehr nur den veröffentlichten Dokumenten und ihren Urhebern, sondern verstärkt auch der als Übermittler tätigen Organisation. Fragen nach Sinn und Zweck der Veröffentlichungen, nach der Legitimation der Organisation sowie nach den langfristigen Folgen für Demokratie und

Mediensystem werden laut. Befeuert wird diese Entwicklung in einem nicht geringen Maße durch die massive Kritik seitens betroffener staatlicher Institutionen und Regierungen. Es ist zu beobachten, dass von Seiten der Kritiker versucht wird, die Deutungshoheit über die durch WikiLeaks ausgelösten öffentlich geführten Diskussionen zu gewinnen, indem inhaltlich nicht auf die Veröffentlichungen, sondern fast ausschließlich auf die vorgeblich damit einhergehenden Schäden und Gefahren eingegangen wird.

Zwar braucht WikiLeaks die Öffentlichkeit, sie ist jedoch in gewissem Maße auch ihr Feind, denn: WikiLeaks animiert politische Insider dazu, anonym Interna weiterzugeben – um zu funktionieren, ist die Organisation folglich auf einen funktionierenden Informantenschutz angewiesen. Hieraus resultiert ein grundsätzlicher Interessenkonflikt: Während die massenmediale Öffentlichkeit ein natürliches Interesse besitzt, Hintergründe zu beleuchten und im Zuge dessen auch Informanten zu identifizieren, muss WikiLeaks dies auf jeden Fall verhindern, will es nicht einen massiven Glaubwürdigkeitsverlust riskieren, das Vertrauen potentieller Informanten verspielen und sich somit der eigenen Handlungsgrundlage berauben.

4.2   WikiLeaks als Form von Öffentlichkeit

Es wurde deutlich, dass WikiLeaks sowohl Partner als auch Konkurrent etablierter Massenmedien und somit ein ernstzunehmender Akteur der massenmedialen Öffentlichkeit sein kann. Die Organisation sieht sich selbst als Teil des journalistischen Systems und übt durch ihre Aktivitäten, ähnlich traditioneller Massenmedien, eine nach ihrem Selbstverständnis unverzichtbare *Watchdog*-Funktion aus.

Doch WikiLeaks einfach als Teilelement massenmedialer Öffentlichkeit anzusehen, wird der Komplexität des Phänomens und seiner vielschichtigen Beziehungen zu den etablierten Akteuren dieser Öffentlichkeit nicht gerecht – WikiLeaks unterscheidet sich in einigen Punkten stark von den traditionellen Massenmedien als Trägern von Öffentlichkeit. Zunächst ist die Arbeitsweise eine grundsätzlich andere: WikiLeaks sucht nicht aktiv nach Informationen, sondern sammelt sporadisch eintreffende Dokumente anonymer Quellen, welche in der Regel unverändert und unkommentiert veröffentlicht werden, wobei die im Journalismus üblichen Zeilen- oder Sendezeitbeschränkungen grundsätzlich keine Rolle spielen. Eine Bearbeitung, Kommentierung und Bewertung des veröffentlichten Materials durch die Organisation selbst erfolgt lediglich dann, wenn es zur Maximierung der Reichweite opportun erscheint, Inhalte von der Plattform direkt in die massenmediale Öffentlichkeit zu tragen – beispielsweise im

Rahmen von Pressekonferenzen. Hier wird deutlich, dass WikiLeaks zwar innerhalb des journalistischen Systems agiert und sich zum Teil dessen Instrumenten bedient, sich jedoch in seiner Funktionsweise von massenmedialen Akteuren der Öffentlichkeit stark unterscheidet.

Ein weiteres Indiz dafür, dass WikiLeaks nicht einfach als journalistischer Akteur betrachtet werden kann, lässt sich schon aus der Tatsache ableiten, dass offenbar entsprechender *Bedarf* an einer solchen Enthüllungsplattform besteht, der durch traditionelle Massenmedien nicht hinreichend gedeckt wird. Die Informanten, welche in den vergangenen Jahren Inhalte an WikiLeaks weitergegeben haben, hätten diese Dokumente schließlich stattdessen auch über TV oder Presse lancieren können, haben sich jedoch dagegen entschieden – über die Gründe soll an dieser Stelle nicht spekuliert werden. Entscheidend ist: Die Veröffentlichung über WikiLeaks steht am Ende eines Entscheidungsprozesses, im Zuge dessen mit den traditionellen Massenmedien auf der einen und WikiLeaks auf der anderen Seite verschiedene Formen von Öffentlichkeit gegenübergestellt und offenbar hinsichtlich ihrer Eignung zur Veröffentlichung interner Dokumente gegeneinander abgewogen wurden. WikiLeaks kann folglich auch als Gegenpol massenmedialer Öffentlichkeit verstanden werden, der mit journalistischen Akteuren um vermittelbare Inhalte und letztlich um Aufmerksamkeit konkurriert.

4.3   Das Öffentlichkeitskonzept von WikiLeaks

Seziert man die WikiLeaks zugrunde liegende Vorstellung von Öffentlichkeit Schritt für Schritt anhand des Analyserasters von Rudolf Stöber, gelangt man zu folgenden Ergebnissen:

Verortung
WikiLeaks ist eine international tätige Organisation und somit nicht an lokale oder nationale Kommunikationsräume gebunden. Allerdings scheint die Bezeichnung ‚international' inadäquat und irreführend, da eine weltumspannende WikiLeaks-Öffentlichkeit Ländergrenzen nicht einfach überschreitet, sondern diesen vielmehr keinerlei Bedeutung zumisst. WikiLeaks konstituiert sich nicht an konkreten Orten und in persönlichen Begegnungen, sondern erhebt Anonymität und ortsungebundene Zugänglichkeit zum Grundprinzip. Es handelt sich bei WikiLeaks folglich um eine *globale, virtuelle* Form von Öffentlichkeit, die zur Schaffung eines Kommunikationsgegenstands – anders als die traditionellen Massenmedien – keinerlei vorausgegangener Begegnungs- oder Versammlungsöffentlichkeiten bedarf, sondern diese im Gegenteil sogar ablehnt.

Trägerschaft

WikiLeaks wird von einer kleinen Gruppe Aktivisten getragen, die Rezeption der ver-
breiteten Inhalte sowie die Partizipation durch Materialbereitstellung stehen jedoch
grundsätzlich jedem offen – insofern ist die Frage nach der ‚Quantität' nicht eindeutig
zu beantworten. Die Kommunikationssteuerung erfolgt durch einige *Wenige*, die jedoch
ohne die Partizipation *Vieler* ihrer Legitimation und Handlungsfähigkeit beraubt sind.
Ziel ist zunächst die Akkumulation und der Austausch von *Wissen*, wodurch die durch
Exklusion von Wissen gewonnene Macht der politischen Eliten gebrochen oder zumin-
dest einer kritischen Prüfung unterzogen werden soll. Auf diese Weise wird die Bereitstellung von Wissen jedoch selbst zum missbrauchsanfälligen *Machtinstrument*. Auch
hinsichtlich der ‚Repräsentation' lässt sich keine eindeutige Einordnung vornehmen.
Zwar wird WikiLeaks als Öffentlichkeit *direkt* von der Organisation selbst bzw. ihrer
Galionsfigur Julian Assange repräsentiert, allerdings bedarf es *indirekt* stets eines ge-
wissen Medienechos, um überhaupt als solche wahrgenommen zu werden. Abhängig
vom jeweiligen Bezugsrahmen nehmen die Massenmedien im Öffentlichkeitsverständnis WikiLeaks' folglich sowohl eine Organ- als auch eine Spiegelfunktion ein. Betrachtet man die Massenmedien als Überbringer der von WikiLeaks veröffentlichten Inhalte,
fungieren sie als Verlautbarungsorgan – sieht man sie als Mitträger der Öffentlichkeit,
werden sie zum Spiegel.

Thema

Die Themensetzung der WikiLeaks-Öffentlichkeit erfolgt primär durch die Trägerschaft.
Bei den behandelten Inhalten handelt es sich um *konkrete*, vormals unter Verschluss
gehaltene Interna der Welt- und Wirtschaftspolitik wie geheime Ermittlungsakten, Pro-
tokolle und audiovisuelle Aufzeichnungen. Die Verantwortlichen der Organisation Wiki-
Leaks nehmen eine Filterfunktion ein und halten die WikiLeaks-Öffentlichkeit frei von
Inhalten, die nicht diesem Muster entsprechen und somit als irrelevant klassifiziert werden. Allerdings bedeutet dies im Umkehrschluss, dass theoretisch jede Information, die
an die Organisation herangetragen wird, geprüft wird und eine Chance auf Veröffentlichung besitzt – die *konkreten* veröffentlichten Inhalte speisen sich folglich aus unzähli-
gen *unbestimmten* Inhalten. Der Aggregatszustand der von WikiLeaks öffentlich geäu-
ßerten Meinung kann zunächst als *fest* bestimmt werden: Ziel von WikiLeaks ist die
Optimierung demokratischer Systeme durch Transparenz und Informationsfreiheit, deren Durchsetzung für alle Verantwortlichen oberstes Gebot ist. Es muss jedoch beach-
tet werden, dass den Veröffentlichungsprozessen stets Auswahlprozesse vorgelagert
sind, bei deren organisationsinterner Entscheidung durchaus unterschiedliche *flüssige*
Meinungen zum Ausdruck gebracht werden können. Auf der einen Seite kann Wiki-

Leaks ein Moment der *Stärke* zugesprochen werden, da mit den Veröffentlichungen auf eine Beeinflussung der Öffentlichen Meinung hinsichtlich bestimmter politischer Prozesse abgezielt wird. Auf der anderen Seite führen diese Veröffentlichungen jedoch dadurch, dass politische Prozesse kritisch hinterfragt werden, auch zu einer Ausdifferenzierung öffentlicher Meinungen, was nach Stöber ein Moment der *Schwäche* impliziert.

Modus

Legt man bei der Betrachtung der Entscheidungsfindung das Selbstverständnis und die normative Selbstlegitimation als Maßstab zugrunde, so wird deutlich, dass Entscheidungen theoretisch ausschließlich auf der Basis *rationaler Erörterung* getroffen werden können. Der Freiheitsgrad ist durch das Bekenntnis zum freien Informations- und Meinungsaustausch grundsätzlich als *diskursiv-deliberativ* zu bezeichnen, dies jedoch nur hinsichtlich der organisationsexternen Bezüge. Die Organisation WikiLeaks an sich verfügt über ein stark *normativ* geprägtes Selbstverständnis; die Filterung und Auswahl von Inhalten je nach organisationsintern vorgenommener Bewertung macht eine in Teilen *autoritative* Binnenstruktur sichtbar und rückt WikiLeaks in die Nähe eines Öffentlichkeitsapparates mit „One-Way- und Verlautbarungscharakter" (Stöber 2009: 65). Der Funktionskontext der durch WikiLeaks hergestellten Öffentlichkeit ist stark *massenmedial* geprägt, verfügt aber bedingt durch den Umstand, dass durch Anonymisierung und Quellenschutz Angstbarrieren der Meinungsäußerung abgebaut werden, auch über eine als positiv zu bewertende *sozialpsychologische* Komponente.

Zweck

Der primäre Bezugsrahmen der WikiLeaks-Öffentlichkeit ist, bedingt durch die dargelegte inhaltliche Ausrichtung, eindeutig *Macht und Politik*: WikiLeaks strebt danach, als relevant *bewertete* Themen auf die öffentliche Agenda zu *setzen*, eine *Kontrollfunktion* für welt- und wirtschaftspolitische Prozesse einzunehmen und auf diese Weise langfristig die Regeln des politischen Geschehens mitzugestalten. Doch auch zur Sphäre *Individuum und Gesellschaft* lassen sich Bezüge herstellen. So ermöglicht es WikiLeaks einzelnen Individuen, durch anonyme Informationsübermittlung ihren Einflussbereich innerhalb der Gesellschaft zu vergrößern und indirekt an vormals exklusiven politischen Prozessen teilzuhaben. Aus den normativen Grundsätzen der Organisation lässt sich zudem ihr Wille zum Erhalt der demokratischen *Gesellschaftsordnung* ableiten, wobei der *Machtgewinn* durch uneingeschränkten Informationsaustausch lediglich ein Mittel zum Zweck und nicht die primäre Motivation darstellt.

Auf der Basis der vorangegangenen Analyse ergibt sich hinsichtlich der Öffentlichkeitsvorstellung der Organisation WikiLeaks zusammenfassend folgendes Bild:

Dimension	Ausprägungen	WikiLeaks
Verortung (wo?)	Größe (lokal <> national)	global
	Realität (virtuell <> konkret)	virtuell
Trägerschaft (wer?)	Quantität (wenige <> viele)	wenige Verantwortliche, viele Unterstützer, theoretisch unendlich viele Teilnehmer
	Qualität (Macht <> Wissen)	Wissen als Machtinstrument
	Repräsentation (direkt <> indirekt)	direkt durch die Organisation selbst, indirekt durch Medienecho
Thema (was?)	Inhalte (konkrete <> unbestimmte)	Auswahl konkreter Inhalte aus theoretisch unendlich vielen unbestimmten Inhalten
	Aggregatszustände (fest, flüssig, gasförmig)	feste Überzeugungen der Verantwortlichen als Produkt verschiedener flüssiger Meinungen
	Momentum (Stärke <> Schwäche)	Beeinflussung der Öffentlichen Meinung impliziert Stärke, Ausdifferenzierung öffentlicher Meinungen impliziert Schwäche
Modus (wie?)	Freiheitsgrad (deliberativ <> autorativ-normativ)	Herstellung eines diskursiv-deliberativen Wunschzustands, jedoch autorativ-normative Binnenstruktur
	Entscheidungsfindung (rationale Erörterung <> emotionale Bewertung)	idealtypisch: rationale Erörterung
	Funktionskontext (kybernetisch massenmedial, sozialpsychologisch)	massenmedial mit sozialpsychologischer Komponente
Zweck (warum?)	Begründung (Kontrolle, Themensetzung, Themenbewertung)	aus der Setzung von als relevant bewerteten Themen resultiert Kontrolle
	Projektion (Macht und Politik, Individuum und Gesellschaft)	primär Macht und Politik, sekundär die Rolle von Individuen in der Gesellschaft

Abbildung 2: Das Öffentlichkeitskonzept von WikiLeaks (Eigene Darstellung in Anlehnung an Stöber 2009).

4.4 Einordnung und Bewertung

Im Zuge der vorangegangenen Analyse konnte gezeigt werden, welche konkrete Vorstellung von Öffentlichkeit der Organisation WikiLeaks zugrunde liegt. Ausgehend von diesen Ergebnissen liegt es zunächst nahe, in WikiLeaks eine Form von alternativer Gegenöffentlichkeit zu sehen: Jeffrey Wimmer beispielsweise definiert Gegenöffentlichkeiten als kritische Teilöffentlichkeiten, „die ihren als marginalisiert empfundenen Positionen mithilfe von alternativen Medien und Aktionen innerhalb der massenmedialen Öffentlichkeit Gehör verschaffen wollen" (Wimmer 2008: 25) – die Parallelen zu WikiLeaks sind eindeutig. Das große Medienecho und die aus Angst vor dem Verlust privilegierten Wissenszugangs resultierende Empörung der politischen Eliten machen deutlich, dass mit der Schaffung einer solchen Gegenöffentlichkeit ein offenkundig bestehender Bedarf gedeckt wurde und WikiLeaks zukünftig die Rolle eines unverzichtbaren Wächters über politische Entscheidungsprozesse einnehmen könnte.

Nichtsdestotrotz wurden in einigen Aspekten der Öffentlichkeitsvorstellung von WikiLeaks Unklarheiten oder sogar Widersprüche sichtbar, auf die im Folgenden näher eingegangen werden soll. Auffallend deutlich tritt in der Analyse ein Konflikt zwischen den normativen Ansprüchen der Organisation und ihrer Binnenstruktur zutage. WikiLeaks hat sich als oberstem Ziel dem freien Informationsaustausch und der Transparenz politischer Entscheidungsprozesse verschrieben und verfolgt dieses Ziel gegen alle Widerstände. Während jedoch die Herstellung von Öffentlichkeit nach außen hin dogmatisch als allgemeingültiges normatives Prinzip dargestellt und jede Gegenargumentation als Angriff auf die demokratische Grundordnung verurteilt wird, macht die intransparente Binnenstruktur die organisationsintern getroffenen Entscheidungen schwer nachvollziehbar. So kann beispielsweise zwar theoretisch jedes eingereichte Dokument auch veröffentlicht werden – ob überhaupt, nach welchen konkreten Kriterien und wann dies geschieht, erfahren Außenstehende jedoch nicht. Durch die Akkumulation vormals exklusiven Insiderwissens und die Entscheidungsfreiheit über jedwede Details einer möglichen Veröffentlichung kann WikiLeaks auf diese Weise eine enorme Machtposition erlangen, die – unabhängig von den vorgeblich hehren Zielen der Organisation – ein großes Missbrauchsrisiko birgt: Durch die gezielte Veröffentlichung bestimmter Inhalte zu bestimmten Zeitpunkten und die Nichtveröffentlichung anderer wird Informationsvermittlung zum einflussreichen politischen Machtinstrument, das Regierungen stürzen und Wahlen entscheiden kann. Hinsichtlich der Veröffentlichungen stellt sich bei näherer Betrachtung zwangsläufig die Frage, wer davon jeweils profitiert. WikiLeaks gibt zwar vor, ausschließlich im Dienste der Demokratie zu handeln, keinerlei Partikularinteressen zu verfolgen sowie sämtliche eingereichten Dokumente unterschiedslos zu veröffentlichen, verifizieren lässt sich diese Behauptung allerdings kaum. Im Gegenteil: Daniel Domscheit-Berg, ehemaliger Vertrauter des Wiki-Leaks-Gründers Julian Assange, begründete in einem Interview seinen Ausstieg aus der Organisation unter anderem damit, WikiLeaks konzentriere sich bei seinen Publikationen aus Prestigegründen auf große ‚Scoops' und halte weniger öffentlichkeitswirksame, aber aus weltpolitischer Sicht nicht minder wichtige Dokumente dafür zurück (vgl Rosenbach/Stark 2011: 205). Die Behauptung, WikiLeaks verfolge bei der Auswahl der zu veröffentlichenden Dokumente keinerlei eigene Interessen, lässt sich vor dem Hintergrund dieser Aussage schwer halten.

Unstrittig ist dagegen, dass WikiLeaks durch seine Aktivitäten sowohl die politische Kommunikation wie auch den Journalismus nachhaltig verändert. Die Organisation bringt vormals interne politische Vorgänge ans Licht der Öffentlichkeit und schafft auf diese Weise eine neue politische Bühne, auf der sich politische Akteure gegen ihren Willen präsentiert sehen. Daraus resultierend ergeben sich für die Inhaber politischer Macht zwei Möglichkeiten: Entweder WikiLeaks als unrechtmäßig agierenden Störenfried der bestehenden Ordnung wahrzunehmen und argumentativ sowie juristisch gegen die Organisation vorzugehen – oder aber das Anliegen der Aktivisten ernst zu nehmen und die Organisation als neuen Wächter demokratischer Prozesse zu begreifen, deren Regeln zur Wahrung einer freiheitlichen Gesellschaftsordnung zu befolgen sind. Ersteres ist momentan zu beobachten, Zweites stellt sich – geht es nach den WikiLeaks-Verantwortlichen – möglicherweise in Zukunft als Ergebnis eines langfristigen Reflektionsprozesses ein. Für den Journalismus ist WikiLeaks Bedrohung wie auch Chance. Die Organisation tritt auf der einen Seite in Konkurrenz zur massenmedialen Öffentlichkeit, beliefert jedoch auf der anderen Seite etablierte Massenmedien mit Inhalten und bedient sich im Gegenzug – beispielsweise bei der Veröffentlichung der Afghanistanprotokolle – ihrer Produktionskapazitäten und Fachkenntnisse. Ein symbiotisches Verhältnis beider Sphären wäre wünschenswert, birgt es doch großes Potential, denn „Wikileaks [sic!] und Journalisten sind zwar keineswegs nichts ohne den jeweils anderen, gemeinsam aber kann ihre Arbeit eine völlig neue Dimension erreichen" (Jakubetz 2010: 25).

In jedem Fall nötig scheint eine vorbehaltlose Auseinandersetzung mit den Funktions- und Arbeitsweisen der Organisation unter Einbeziehung aller beteiligten Akteure. Will WikiLeaks als Träger einer neuen diskursiv-deliberativen Form politischer Öffentlichkeit wahrgenommen und respektiert werden, so wird die Organisation nicht umhin kommen, die aufgezeigten Widersprüche zwischen dem Anspruch, den sie an ihre gesellschaftlichen Bezugsgruppen stellt, und der eigenen undurchsichtigen Binnenstruktur aufzulösen und sämtliche intern getroffenen Entscheidungsprozesse offenzulegen. Erhebt man wie WikiLeaks Öffentlichkeit zum Dogma, so muss auch hinsichtlich der eigenen Aktivitäten ein aufklärerischer Wille deutlich erkennbar sein – ansonsten droht schnell ein Verlust der Glaubwürdigkeit und letztlich auch der Legitimation. Eine Antwort auf die Frage, „ob und an welcher Stelle für Wikileaks [sic!] die Transparenz ihre Grenzen hat" (Meuthen 2010: 4), bleibt die Organisation bisher schuldig.

5.   Fazit und Ausblick

Ziel dieser Arbeit war es, eine öffentlichkeitstheoretische Annäherung an das Phänomen WikiLeaks zu leisten. Zu diesem Zweck wurde versucht, das von Rudolf Stöber ursprünglich zur vergleichenden Einordnung von Öffentlichkeitskonzepten entwickelte Analyseraster auf die Öffentlichkeitsvorstellung der Enthüllungsplattform anzuwenden.

So konnte herausgearbeitet werden, dass es sich bei WikiLeaks um ein unter öffentlichkeitstheoretischen Gesichtspunkten betrachtet hochkomplexes Gebilde handelt, welches in einem zwiespältigen Verhältnis zur massenmedialen Öffentlichkeit steht. Im Zuge der Analyse wurde jedoch auch deutlich, dass sich das den Aktivitäten der Organisation zugrunde liegende Öffentlichkeitskonzept nicht in allen Analysedimensionen der stöberschen Matrix eindeutig bestimmen lässt. Besonders die sichtbar gewordenen Widersprüche zwischen normativen Ansprüchen und organisationaler Wirklichkeit tragen dazu bei, dass das Phänomen WikiLeaks öffentlichkeitstheoretisch schwer greifbar scheint.

Nichtsdestotrotz ermöglicht die vorgenommene Analyse eine wissenschaftliche Annäherung an den Forschungsgegenstand und liefert einige interessante Anhaltspunkte für tiefergehende Forschung. So sollte beispielsweise den zum Teil widersprüchlichen normativen Prinzipien der Organisation sowie dem Spannungsverhältnis zwischen WikiLeaks und Journalismus verstärkte Aufmerksamkeit der Wissenschaft zuteilwerden. Es bleibt zunächst allerdings abzuwarten, ob es WikiLeaks wirklich gelingt, sich langfristig als ernstzunehmende neue Form politischer Netzöffentlichkeit zu etablieren, oder ob das enorme Potential der Plattform an den eigenen Ansprüchen zu scheitern droht.

6. Quellenverzeichnis

Literatur

Jakubetz, Christian (2010):

Recherche-Leck. Wikileaks und die Herausforderung für den Journalismus. In: Journalist Nr. 9/2010, S. 25-27.

Meuthen, Martin (2010):

Die Stille nach dem Scoop. Ungenutzte Chance: Wikileaks und der Journalismus. In: epd medien Nr. 66, S. 3-6.

Rosenbach, Marcel/Stark, Holger (2011):

Staatsfeind WikiLeaks. Wie eine Gruppe von Netzaktivisten die mächtigsten Nationen der Welt herausfordert. München: Deutsche Verlags-Anstalt.

Stöber, Rudolf (2009):

Öffentlichkeit/Öffentliche Meinung als Phasenraum. Ein kommunikationswissenschaftlich-systematischer Versuch. In: Averbeck-Lietz, Stefanie/Klein, Petra/Meyen, Michael (Hrsg.): Historische und Systematische Kommunikationswissenschaft. Festschrift für Arnulf Kutsch. Bremen: Edition Lumière, S. 53-77.

Internetquellen

Medien-Ökonomie-Blog: Leak-o-nomy. Die Ökonomie hinter WikiLeaks

http://stefanmey.wordpress.com/2010/01/01/leak-o-nomy-die-okonomie-hinter-wikileaks/

[Letzter Zugriff: 06.03.2011]

N24: USA prüfen Anklage wegen Verschwörung

http://www.n24.de/news/newsitem_6523654.html

[Letzter Zugriff: 06.03.2011]

Phoenix: Kritik an WikiLeaks nach Veröffentlichung von US-Dokumenten hält an

http://www.phoenix.de/content//315877

[Letzter Zugriff: 06.03.2011]

Spiegel Online: Empörung über Depeschenenthüllung

http://www.spiegel.de/politik/ausland/0,1518,731720,00.html

[Letzter Zugriff: 06.03.2011]

SZ: Wer ist WikiLeaks?

http://www.sueddeutsche.de/digital/enthuellungsplattform-wer-ist-wikileaks-1.979558

[Letzter Zugriff: 06.03.2011]

WikiLeaks: Collateral Murder

http://collateralmurder.com/

[Letzter Zugriff: 06.03.2011]

WikiLeaks: What is WikiLeaks?

http://www.wikileaks.de/About.html

[Letzter Zugriff: 06.03.2011]